JN440037

수화 하는 나무

텃밭시학시선 09

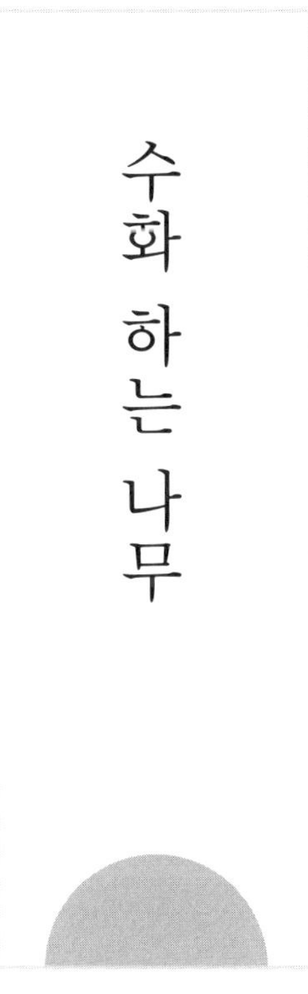

수화 하는 나무

서인수 시집

그루

시인의 말

나는 그저, 가슴이 답답하여 시를 썼다.
듣지 못하는 자의 절박함으로,
남의 입술을 뚫어져라 바라보며 말을 알아챘다.
늘 세상 밖에 떨어져 혼자 외로웠다.
누구에게나 말 못 할 심연의 통곡이 있다.
일찍 가신 아버지, 어머니, 형이 제일 보고 싶다.
평생 응어리진 가슴의 한恨을 푼다.
나보다 더 힘든 장애우들께 희망을 잃지 말길 소망한다.
힘들 때마다 든든한 울타리가 되어 준
사랑하는 아들이 가장 고맙다.

2021년 가을
서인수

차례

시인의 말 5

1부 말문 연습

말문 연습 11
귀로 꽃 피는 귀갓길 12
봄날 13
내 마음의 노래 14
시 마음 16
나 17
말소리 18
바람의 시 19
감나무 20
별이 빛나는 밤 21
연당에 핀 연꽃 22
중증 청각장애인 23

2부 수화 하는 나무

수화 하는 나무 27
알파고 1 28
도시 열차 29
매화꽃이 피었네 30
정情 31
돌 32
낙동강 33
말 34
보청기 35
어머니 36
발목과 목발 38
사과 39

3부 고도난청 나무

고도난청 나무 43
일장일단 44
좋은 보청기 45
다비드 별 46
보름달 47
목련 48
별 49
별똥별 50
참다운 사랑 51
신명 52
말문 53
서인수로 써 본 삼행시 54

4부 시공간

시공간 59
대한민국 60
정한 수手 신개념 61
소리의 향연 62
상상력 64
고요 65
스마트폰 66
꿈 67
소리를 보다 68
하늘 열차 69
서정시 70
신천 71

5부 문명

문명 75
마음 76
나무 77
인생 78
영혼 79
텃밭시인학교 80
노을 81
빛과 소리 82
연꽃 83
한 송이 꽃 84
참꽃 85
꽃 잔치 86

해설

소리를 보다_김동원 88

1부

말문 연습

말문 연습

소리가 얼마나 아름다운지 몰랐다
어린 날 폭발물 사고로 귀머거리가 되었다
한마디라도 더 알아채려고
사람들 입술을 뚫어져라 쳐다본다

날마다 말없이 지내니 목청은 막혀,
지나는 사람 표정이라도 못 보면 울적하다
말하는 분위기와 동작을 따라가다 보면
어느새 내 눈엔 눈물이 고이고 외롭다

옛날엔 아침마다 지저귀는 참새 소리가 좋았다
귀뚜라미 울음소리, 엄마가 부르는 소리
지금은 들을 수 없어, 갑갑한 마음
귓바퀴에 또 보청기를 낀다

고도난청은 청신경 마비되어
말소리 못 알아먹어 왕왕 소리만 들린다
어쩌다 답답한 마음 진정되면, 시 낭송을 한다
목청이 녹슬지 않도록, 자꾸자꾸 말문 여는 연습을 한다

귀로 꽃 피는 귀갓길

잎사귀가 비바람 소리 듣고 연주하듯,
음률의 흐름을 타고 꽃 피는 저 수선화
봄꽃들은 춤추는 발레리나 같아라

집으로 돌아가는 길, 꽃잎이 떨어지면
식구들 저녁 밥상 둘러앉아 손아귀에
푸성귀 쌈 싸 먹는 그런 풍경 같아라

귀청을 잃으면 눈빛이 보석이라
흘러가는 흰 구름 유심히 읽어보네
귀에 귀고리 하듯, 그 구름, 산 목걸이 걸었네

봄 하늘 노을 기색은 참 고와라
바람이 들녘의 문을 열고 나와
온갖 귀로 꽃 피는 귀갓길 밝혀 주네

봄날

노을 진 안마당 달밤에
엄마랑 손잡고 별빛 밤하늘 바라보았지
그 밤 은하수는 꽃빛 같았네

별 하나 나 하나 별 둘 나 둘
흥얼흥얼 그런 노래
엄마 따라 불렀지

아침이 오면 벽시계 따~앙 따~앙
울리며 종소리 났지

우리 집 정원에 핀
분꽃 채송화 그 시계 소리 듣고
꽃을 피웠지

안마당 나폴나폴
흰나비 꿀벌 날아와 꽃에 앉으면
엄마는 그 봄날 참 행복했었네

내 마음의 노래

어릴 때 아카시아 꽃향기 그윽하였네
동산에서 연 날리며 즐겁게 뛰놀던 그때
푸르른 하늘에 뭉게구름 꽃을 피우고
오색찬란한 무지개를 감탄하며 바라보았네

그것은 내 마음의 노래였네
기러기 줄지어 서쪽 노을로 날아가던 그 풍경 보며
뭉게구름이랑 함께 동요를 불렀네
뒷산 숲속에 꿩이 날고 산토끼도 뛰놀고 있었네

당산의 나무는 마을을 수호하고 있었네
뿌리 깊은 느티나무의 위엄은 당당했네
그 나무 그늘 아랜 모든 이의 쉼터였네
그것은 내 마음의 노래였네

시냇물 속에 반두를 들고 버들치를 잡았네
솟아난 바위를 감돌아 마을 둘레로 유유히 흘러가던 신천
강바닥이 훤히 들여다보일 정도로 깨끗했네
다이빙도 하고 물장구도 치며 놀았네
그 모든 것이 내 마음의 노래였네

시 마음

이 좋은 봄날 맑은 마음 일어나
수수꽃다리 향기 나는 시 쓰고 싶네

옥수수 알통도 만져보고
들꽃도 꺾어 보고

여치 우는 소리 따라가다
흰 구름 흘러가는 소리도 들어보고

이 좋은 봄날 밝은 마음 일어나
초록 나무 무지개 사랑하던

일찍 가신 아버지와 형을 위해
슬픈 내 노래 불러주고 싶네

텃밭시인학교 와서 지은
내 눈물의 시 한 편 들려주고 싶네

나

어린 시절 주워 온 폭탄이 터져
청신경 마비되어 갑갑한 심정이었지
말소리 못 알아들어 동무들 입술만 빤히 바라보았지
말 한 토막 알아듣는 날은 하루가 행복했지

온종일 입을 닫고 묵상하였지
보청기 끼어도 잘 들을 수 없을 땐
가슴속이 불길이 번졌지
속기사의 도움으로 내 귀엔 벚꽃이 피었지

시와 수필 글쓰기에 열중했지
새로운 인문학은 파란 하늘처럼 꿈을 주었지
사랑과 열정 사이, 빛이 들어왔지

밝은 생각은 노을처럼 아름다웠지
나무를 껴안고 어둠 속에서, 내 별을 찾아보았지
밤하늘 위에서 어머니가 보고 계실 걸 생각하면
절로 두 볼에 눈물이 흘렀지

말소리

고장 난 귀, 들을 수 없어
입술 닫고 있는 답답한 마음
말소리를 표현하려고 훈련하였지

혼자서 시 낭송도 하여 보았지
낭랑한 목소리 기분이 상쾌하였지
입꼬리 귀에 걸면 이빨도 웃어주었지

말소리 귀로 들을 수 없어도
느낌으로 내 마음은 알아들었지
그럴 때마다 목청은 열리는 듯 기뻤지

요즘은 스마트폰 덕분에 고도난청도
다채롭게 손가락 언어를 할 수 있지
시도 쓰고 낭송도 하고 마음은 한없이 뿌듯하지

바람의 시

옛날엔 안마당 정원에 귀뚜라미
귀뚤~귀뚤~ 수시로 우는 소리 들었네
합창하는 노랫소리 즐거웠네

리듬을 타면 좋아 어깨춤도 추었네
손바닥도 덩달아서 손뼉을 쳤네
귀는 참으로 소중한 음악이었네

어머니 소리가 제일 좋은 음표였네
뒷집 계집애 소리는 들꽃처럼 작았네
모든 것이 참으로 행복하였네

지금은 상처받은 내 마음
강가에 혼자 숨어 사는 고라니라네
온몸으로 바람의 시를 듣는 들풀이라네

감나무

감나무 감꽃 목걸이 하고 나면
삭혀 만들어 먹는 기쁨이 있었지
아침이면 까치가 날마다 방문하여
노래 듣는 재미로 시심詩心이 영글었지

산골짝 마을에 감홍색으로 익은
홍시가 주렁주렁 열려 아름다웠지
몸통은 매미까지 업어주고 도와주니
마을마다 노래하는 감나무가 되었지

배꼽마당에 함께 놀던 친구도
감잎으로 딱지 치고 놀기도 했지
산간벽지라 비바람 불어와도 마음은
곶감을 맛있게 먹으며 즐겁게 지냈지

감나무 홍시는 정말 시詩 같았지
저마다 새빨간 색깔을 머금고
허공에 정답게 그림처럼 고왔지
우리 집 감나무가 제일 좋았지

별이 빛나는 밤

지구가 돌아 태양을 외면하면
달빛을 벗 삼아 산을 조깅합니다
반짝이는 별빛이 너무 좋습니다

인기척도 없는 캄캄한 산중에서
쩡쩡 울리도록 야~호~오 외치면
건넛산 메아리 돌아옵니다

산들바람은 나뭇잎에 속삭이며
감미로운 노래를 부릅니다
밤별은 깜박이며 신호를 보냅니다

바위 위 소나무가 서 있고
모래밭 수심이 낮은 강가에 물장구치고
다리 밑에서 놀던 때가 그리워집니다

친구들과 썰매 타면서 희희낙락하던 때
한 폭의 풍경화로 회상됩니다
마음은 벌써 고향 산천으로 달려갑니다

연당에 핀 연꽃

뿌리에 텅 빈 공간이 생겨도
열정을 뿜는 꽃대가 있었다

잎사귀는 우산처럼 고운 보자기
연꽃은 부끄러운 씨앗을 숨겼다

연당에 핀 연꽃은 순결한 처녀성
백옥 같은 속살로 황금빛 품었네

중증 청각장애인

중증 청각장애는 말귀를 듣지 못하지
눈치로 분위기를 살피며 듣기만 하지
겨우 몇 토막말만 이해하지

제대로 듣고 배우는 정보가 없어도
부모님 사랑으로 재미있게 개척했지
기쁘게 밝게 세계를 꽃피웠지

수많은 굴레 속에 철학을 배우고
아름다운 생각으로 세상의 향기를 품고
마음은 정신세계 뜨겁게 포옹했지

눈높이에 맞는 좌우명을 찾아 읽으면서
뚜렷한 신념을 갖추고 불철주야 연구했지
반드시 화려한 정상에 도달할 수 있다고,

중증 청각장애자라도 희망으로 즐겁게 일했지
디지털 시대를 만나 문명 세계가 활짝 열려
새 아침 맞아 한바탕 신명나게 춤추고 싶지

2부

수화 하는 나무

수화 하는 나무

나무는 잎사귀로 수화를 하네
초록 눈은 하늘의 표정을 읽고
잎과 잎 사이 구름의 노래를 듣고 있네

나는 초등학교 삼학년 때 주운 폭탄
폭발 사고로 청신경 마비되어 고도난청 되었네

말을 한마디라도 더 알아들으려고
지나가는 입술을 뚫어져라 쳐다보네

나무와 나는 참 닮았네
나무는 밤하늘 달빛을 뚫어져라 쳐다보고
나는 사람들 입술을 뚫어져라 바라보고,

나무는 별들하고 수화를 하고
나는 하늘나라 어머니하고 수화를 하고
나무와 나는, 슬픈 마음이 참으로 닮았네

알파고 1

천지개벽이구나
바둑판에 신선처럼 앉았구나
까만 돌 하얀 돌 뜬구름 같은 세상

입자는 구름 타고 겹겹이 돌고 도는데
정수로 가득한 알파고 도사처럼 나타났네

데이터 엄청나 무릉도원 따로 없어
하늘나라 사람들도 놀라겠지

어쩌다 급소 발견해 한판 이겼으나
바둑의 미래는 기계들의 세상

아이쿠, 이러다
시 쓰는 알파고 나타나겠네

도시 열차

도시 열차 공간 사이로 하늘이 있다
공중을 가로질러 달려가는 이 꿈의 열차

수성못도 보이고 대봉교도 보이고
새로운 삶이 행복한 대구

소낙비 퍼붓자 고층 빌딩은 샤워를 하고
유리창도 깨끗하여 윤기가 난다

위에서 내려다보는 이 아름다운 도시 풍경
한 편의 고운 봄 서정시이다

자연은 다양한 솜씨로 시가 된다
천연색 노란 신천의 개나리꽃 빛

신작로마다 이팝나무 줄지어 섰고
사람들은 저마다 바삐 걸어간다

매화꽃이 피었네

매화꽃 향기는 말처럼 들렸네
말귀를 알아듣지 못하는 귀머거리인 나는
흘러가는 구름의 말을 알아들으려고 하였네

귀머거리는 날마다 말없이 혼자 지내네
목청은 막혀 슬픔뿐이네
귀머거리는 가슴이 답답하네
사람들은 기뻐해도 귀머거리는 외롭네

그 옛날 들었던 참새 소리가 듣고 싶네
나는 뒷산에 올라 많이 울었네
엄마가 저녁밥 먹으라 부르는 모습도 기억나네

어느 날 엄마가 사 오신 보청기를 끼었네
말소리 못 알아들어 왕왕 소리만 나던 나의 귀
사랑하는 그녀를 처음 만난 날처럼
그날 종일 내 귀엔 매화꽃만 피었네

정情

보름달 밤에 가야금 소리가
슬픔에 언 마음 달래 주는구나

마음 별밭에 꿈을 그리니
내게도 희망의 달이 뜬다

불빛처럼 왔다 가는 사람아
인연을 잊지 못해 서성대느냐

봄비에 크는 초록의 사랑
저 빗물을 먹고 크는 심금을 울리는 정情

돌

돌은 아직도 정관靜觀 중
바람을 만지며 참선 중

귀를 열고 밤을 듣는 돌
수만 년 굴러도 그 지혜가 모자라

무너져도 꼼짝 않는
돌은 참선 중

흐르는 비구름 쳐다보는 너의 눈은
번개가 내리쳐도 흔들리지 않는 침묵 중

낙동강

낙동강 용대는 아름다운 경치
그 풍류 그 춤사위
선비들 시회詩會 열던 곳

도도히 흐르는 저 붉은 노을 강
시가 되고, 잉어들 높이 뛰는 허공
물결은 흘러 흘러 떠내려가고

물안개 자욱한 강마을에 연기 오르고
고기 잡는 어부는 그물을 당기고
물새가 날렵히 수면을 차네

그 옛날 동무와 부르던 '오빠 생각' 떠오르는데
모래성 쌓고 수영하던 그 낭만 어디로 가고
지금은 넓은 강에 백로 한 마리 날고 있네

말

나는 말 한마디도 못 알아듣는 난청이지
그 말뜻 알 수 없어 벙어리처럼 살고 있지
꽃들의 말, 벌들의 말 못 알아들으면
어쩌지 하는 생각도 해보는 이 아침

또박또박 말하는 입술 보고 새겨듣다
귀한 말소리 한 토막 알아보고 웃지
고도난청은 재밌는 말 못하니,
목청이 어눌해 아련한 마음뿐이네

친구들 반갑다고 말해 주면
손짓으로 하는 수화로 대답하지
언젠가 나도 푸른 하늘 뭉게구름이
말하는 솜씨로 마음을 말할 수 있겠지

보청기

폭발물 사고로 청신경 잃고 나서
일 년 열두 달 말소리 없이 보낼 때는
보청기가 없어 바보처럼 외로운 삶이었다

똑같은 말만 되풀이하다 당숙에게
보청기 선물 받아 신바람 났다
말소리를 들으며 공부할 수 있어 감사했다

세상의 소리 다 들리지 않아도
보청기 꽂은 나의 마음은 활짝 열려
행복한 웃음꽃으로 꽃 피는 얼굴 되었다

참으로 좋은 세상을 만났다
말소리가 한 송이 꽃처럼 귓속에 피니,
도전 정신 발휘하여 건축사 시험 합격했다

어머니

어머니는 6·25 동란 혼란기에
고문을 당하신 아버지 학살당하자
잠 깰 때마다 공포심에 후다닥 놀라곤 하였네

먹고살려고 아등바등할 때,
별안간 형이 교통사고로 죽자
크나큰 슬픔에 꽁꽁 심장이 얼어붙은 어머니

그 힘든 세월에도 남은 자식들
훌륭하게 키워야 한다며,
수예품 방석 만들어 밤낮없이 시장에 팔면서
남매 걱정 많이도 하였네

그 옛날 물 맑고 공기 좋은 고향 서당골
일가친척 아기자기 살 때는
참으로 인정을 나누며 정다웠네

훗날 우리 남매 잘되어, 어머니
해외여행도 다니면서 행복한 날도 있었네
지금은 하늘나라 꽃밭 일구려 구름 속에서
아버지와 형이랑 함께 산다네

발목과 목발

함박눈 송이송이 오던 겨울
비탈길을 걷다가 우당탕 넘어져
발목이 구십 도로 핑 돌아가 버렸다

신발은 아무런 죄 없고
발가락은 또 무슨 잘못 있는가
발바닥만 애꿎게 욕먹을 수밖에,

119 부탁해 병원에 실려 갔다
친구가 바둑 하자 문자 오는 바람에
복숭아뼈가 깨진 사실 들키고 말았다

발도 무관심하면 삐치기 마련
발가락을 따뜻이 사랑하지 못한 죄
수술하고 깁스를 한 채 목발 짚고 다녔다

사과

골짜기라서 과일나무가 잘 자라지
과수원 빨간 사과 공중에 열렸네
수확하는 기쁨이 있어 농부는 살맛 나지

하늘을 잘 살피면 열매도 얻지
공기는 늘 신선한 에너지가 되네
초록 잎이 바람에 팔랑이면 희한하지

구름 보고 상상하는 가을이 좋지
심금을 울리는 석양은 더 좋네
정신도 맑아지고 정화되지

3부
고도난청 나무

고도난청 나무

나무는 말소리를 알아듣지 못하는 고도난청
살랑살랑하는 잎사귀는 나뭇가지들 대화
구름에 대고 말하는 나무들의 언어

나무는 가지로 허공과 말을 하지
바람은 나무 표정 보며 생각 주고받지
맹인이 고도난청 되면 참 힘들겠다 생각하지

후천적으로 청력을 잃어버린 고도난청
디지털 보청기 선물 받아 말소리를 느꼈지
방송국은 말을 자동으로 문자 보내야 소통하지

청신경 마비된 귀는 고요와 침묵에 살지
나무와 별들의 소리를 속기사가 타이핑하여
도와주면, 자막으로 알아들어 참 좋을 테지

일장일단

우연히 맹인과 동행하여 보았지요
고도난청은 눈으로 분위기 보면서
바둑 게임을 재미있게 하지요

말소리 못 알아들어 침묵하여도
필기로 문자 주고받아 다행이었지요

맹인은 아무것도 볼 수 없어
소리로 알아듣고 느낌을 감상하지요
고도난청보다 훨씬 답답하지 않을까 궁금했지요

강당에 마이크 시설을 설치하면
맹인은 말소리가 잘 들려 괜찮지만
고도난청은 소리를 들을 수 없어 답답하지요

장애에 따라 불편한 점이
제각각 달라 한마디로 이렇다 저렇다
판명할 수 없는 일장일단이 있지요

좋은 보청기

최신 보청기 애용하지만
두 귀를 수시로 만져 준다
듣고 싶은 것이 더욱더 많아
말소리가 새지 않도록 눌러준다

잘 들으려고 보청기를 꼈는데,
아직은 말소리가 신통하지 않다
발음을 명확히 알아듣지 못해
갑갑하니 속이 상한다

우주선 타고 달나라 가고
화성에도 가는 이 밝은 세상
더 좋은 보청기 언제 만나보려나

다비드 별

다비드 별은 삼각형 공간
합산하면 8개로 구성됩니다
격자 선상이 아름답습니다

사랑하는 연인의 별입니다
마음과 마음을 이어주는
그리움의 공간입니다

우주의 놀라운 두 세계입니다
평화와 용맹을 상징합니다
별과 별 사이 꽃빛을 띱니다

사랑하는 남자와 여자는 별입니다
땅에서 만나 하늘 위로 옮겨가는
영원 속에 반짝이는 두 별입니다

보름달

노을이 지면 서산에 떠오르는 달
밤하늘 둥근 공처럼 굴러가는 보름달

소나무에 걸린 달빛을 바라보면
우울한 마음이 눈 녹듯 녹는다

먼저 간 어머니도 아버지도 형도
저 허공 위의 달을 보겠다

상현달이 되고 반달이 되고
초승달이 되고 그믐달이 되고

끝내는 캄캄한 밤하늘에서
달도 나처럼 외로워 고독하겠다

목련

목련은 허공에 꽃봉오리를 밀어 올려 노래하네
바람이 불면 하늘하늘 노래하네

어제도 오늘도 내리는 봄볕 속에서
한 송이 두 송이 연달아 피네

꽃봉오리는 내게 희망을 심어주네
반가운 아침을 데려다주네

이쪽도 저쪽도 꽃그늘이 지네
흐르는 구름이 더욱 희네

이윽고 저녁노을이 오면
목련은 꽃빛이 붉게 번져가네

그 옛날 어머니 아버지 함께 보던
창가에 핀 목련이 노래하네

별

사람들은 별을 많이 먹어야 한다
별빛은 죽는 날까지 반짝인다

지상까지 걸어오는 별은 다리가 아프다
부끄러운 내 마음을 별로 치유한다

비바람이 몰아쳐도 양심의 별은 살아 있다
별의 웃음은 아기의 얼굴처럼 빛난다

어디로 가야 할지 몰라 서성거릴 때
별은, 어둠을 물리치고 내게로 왔다

별똥별

별안간 왜 별똥별이 지상으로 떨어지는지,
어머니가 보고 싶어서야 알게 되었지

당신은 흐느끼는 내가 안쓰러워
가만히 어깨 근처에 머뭇거리시지

먼 훗날 나도 별똥별이 되면
어머니와 나란히 허공 아래로 떨어지고 싶지

외로운 사람이 슬퍼 울 때
그 사람 가슴속으로 들어가 위로해 줘야지

천국에는 별똥별이 꽃으로 불린다고 하지
밤하늘 올려다보니, 참 꽃들이 많이도 피었네

참다운 사랑

사랑의 씨앗은 새싹 되어 꽃이 피고
참다운 가정은 행복 나누는 희망이 되네

아들딸 탄생의 기쁨 웃음이 생기고
어머니는 가정의 꽃밭 같은 존재라네

시인은 그 가족 사랑 노래 부르고
밤하늘 별들은 아버지를 찬미하네

사랑은 둥근 마음씨, 대대로 위대함을 감사하네
밝고 맑은 기운이 뻗쳐 영원히 꽃 피네

신명

요즘은 디지털 시대라
스마트폰 문자 하지

신명 나서 모두 좋아서
신난다! 신난다! 신난다! 하네

원하는 만큼 다 볼 수 있고
술술 말이 풀려 즐겁다네

날마다 왜 이리 나는 좋은지,
한마음 둥둥 하늘로 구름처럼 떠오르네

바둑 게임도 마음껏 하고
국제대회에 출전하여 상도 받아야지

놀라운 것은 사람들과 소통하는 재미
기쁨과 슬픔을 함께 나누니 복되어라

말문

말소리 막힐까 봐 훈련하네
마음은 잘할 수 있다고 말하는데,
생각대로 되지 않아 늘 답답하네

입술을 보고 집중하니 말문이 열렸네
이렇게 문장을 배워 가는 중이지
품성, 품격, 품위를 잘 가꾸고 싶네

사람 관계를 원만히 하려면 말이 필요하네
기쁨도 슬픔도 다 말하면서 풀린다네
아등바등 살 것도 아니라 마음먹네

이따금 귀가 번쩍하고 들리면
얼마나 좋을까 혼자 상상하네
그러다 길 가다 실없이 혼자 웃고 마네

서인수로 써 본 삼행시

1

서서히 빛이 되려 하네
인생은 찬란한 아침 같네
수많은 사랑을 어머니께 받았네

서양의 과학에 빠져 지식을 알았네
인품은 넓고 생각은 높게 살겠네
수많은 파동으로 세상의 빛이 되려네

2

서서히 시를 배우려네
인물이야 차차 되면 되지
수요일은 고운 노을 시로 지어야지

서로를 알아간다는 것은 좋은 일이지
인정해 주는 세상이 제일 좋지
수천 번 용기 내어 사람에게 다가가네

3

서로 존중하는 마음으로
인사 잘하는 것도 중요하지
수수한 문장으로 수필을 쓰고 싶네

서술은 철학으로 열정을 담아야지
인생은 아름다운 풍경 같네
수없는 인연 따라 한 세월 잘 살아야지

4부
시공간

시공간

시를 쓸 땐 파란 하늘 위에도
마음껏 가보고

수필을 쓸 땐 까맣게 잊었던
그 옛날도 가보고

태양처럼 별빛처럼 자유롭게
시공간을 가로질러 돌아다녀도 보고,

가을 단풍이 되었다가
겨울 흰 눈이 되었다가

글은 정말로 정신의 꽃을
활짝 피게 하네

언제나 나는 밝게 비추는
마음을 갖고서

사람과 세상 사이를 잇는
사랑을 전하는 무지개 시인이 되고 싶네

대한민국

대단한 홍익인간의 나라
한마음으로 최선을 다하는 나라

세계에서 가장 빠른 행동의 나라
'아~ 대한민국' 박수 치는 함성의 나라

아름다운 금수강산의 나라
가요를 제일 잘 부르는 국민의 나라

아리랑 아리랑 어깨춤을 잘 추는 나라
인터넷 속도가 제일 빠른 나라

대기만성의 역동적인 나라
역사의 피바람을 딛고 우뚝 선 위대한 나라

대동단결로 통일을 꼭 이룰 나라
무엇보다 예술을 사랑하는 우리나라

정한 수手 신개념

정심 정관하면 에너지가 회복되네
한마음으로 예술혼의 극치를 느끼네

수련하여 보람을 찾는다네
문명의 신기술은 소원을 이루어 주네

정한 수手 신개념은
이 우주 만물을 사랑하는 기운이네

태양은 밤낮으로 잔치를 벌인다네
가만히 숲속을 거닐면 녹색 물이 스며드네

소리의 향연

물소리

산들바람은 잎사귀에 속삭이며 말을 합니다
계곡 물소리가 졸졸졸 갈 길을 만들고
산골짝마다 나뭇잎 부딪는 소리, 새소리 맑게 들립니다

파도 소리

고요한 바다가 햇빛을 온몸으로 받아먹습니다
출렁이는 물결은 대왕바위를 찾아 노래합니다
하얀 포말의 거품은 파도로 춤을 춥니다

장구 소리

배꼽마당에 장구 소리, 북소리 탕탕 탕 울립니다
쾌지나 칭칭 나네, 양어깨가 들썩입니다
구슬치기, 앵글 치기, 막대 치기, 딱지치기 소리도 재미있습니다

웃음소리

행복한 가정에 태어난 아기는 앙앙앙 울어댑니다
처음 엄마라는 말을 배웁니다
하하하, 히히히, 헤헤헤 웃음소리 만발합니다

상상력

파란 하늘 위에 구름을 타고 가는 사람이 있습니다
산들바람에 뻐꾸기가 되어 숲속을 날아갑니다
빌딩 사이로 자동차 바퀴가 되어 굴러갑니다
말을 알아듣지 못한 나는,
귓속에 보청기를 끼고
저 먼 우주 밖으로 우주선도 탑니다
파동과 울림으로 된 이 세상 공간을
자유롭게 날아다니며 시가 됩니다

고요

정한 수手엔 숨결이 있어요
아름다운 이치에 몰입하는 이 밤
달빛 사이 빛나는 우주의 고요

어머니가 계실 적엔 참 좋았어요
꽃방석 만들면 그림을 먹지로 본뜨고
색실을 곱게 수놓던 그 모습
정한 수手 기초가 되었지요

생각의 마디마디 고치고 다듬으면
세상 모든 생명의 활력소 되지요
정한 수手는 철학의 심미안
신비로운 에너지, 그 기운이지요

스마트폰

손바닥만 한 곳에
수많은 사람의 길이 보입니다
수시로 그 길을 따라가 엿봅니다

꽃을 치면,
수선화 백합 금낭화가
꽃 무리를 이룹니다

폭포를 누르면,
나이아가라 폭포가
어마어마하게 쏟아집니다

배운다는 것은
세상을 사랑한다는 것
손끝에서 언어의 꽃이 핍니다

저 환한 보름달을 찍어
돌아가신 어머니에게 보내면
당신이 참 좋아하겠습니다

꿈

공원 의자에 나비가 꿈처럼 날아오네요
지하도에서 나와 잠자는
그 노숙자 양말에 붙었네요

나비는 양말이 꽃인 줄 알았나 봐요
그 노숙자 발가락이 꼬물거려요
아마 꿈속에 나비가 되었겠지요

자유로이 들녘을 날아다니며
이리저리 들꽃 향기를 맡는가 봐요
하늘하늘 봄바람에 코끝을 대어 보아요

소리를 보다

눈으로 바라보는
비바람 소리

솔 향기 코로 맡으며
시원하게 흐르는
계곡물 소리 본다

귀가 멀어
나는,
새소리를 본다

구름도 보고
다람쥐도 보고

파란 하늘 위에
흐르는 흰 구름도 본다

하늘 열차

대구 도심을 달리는 하늘 열차
아파트 사이로 바람처럼 빠져나가는
그 풍경이 너무 좋다

앞산도 보이고
소낙비로 샤워한 고층 아파트도 보이고
실개천 흐르는 금호강 풍경이 멋지다

아름다운 예술로 크는 도시 대구
가야산 쪽으로 노을이 지면
신작로에는 이팝꽃이 핀다

꽃 피는 도시는 한 폭의 풍경화
하얀색 꽃잎이 물기에 젖어
오늘은 안개 속 도시가 신천지 같다

서정시

하늘 열차 공간 사이로 하얀 구름이 간다
공중을 가로질러 달려가는 꿈의 열차

수성못도 보이고 대봉교도 보이고
행복한 내 고향 대구 만세

위에서 내려다보는 아름다운 도시 풍경
한 편의 고운 봄 서정시 같다

사람의 기술은 시처럼 멋지다
노란 신천 개나리 꽃빛이 곱다

신천

생각이 많아지면 신천을 걷곤 했네
물오리가 백로랑 노는 어린 날의 놀이터
뭉게구름이 늘 앞산에 걸려 있었네

운동하는 사람, 생각하는 사람
상동교 중동교 밑에 화투 치는 사람
모든 사람들이 꿈처럼 보일 때도 있었네

귀가 들리지 않아 괴로울 땐
신천 냇가를 어슬렁 거렸네
그때마다 물속 붕어들이 위안이 되었네

대봉교 다리 위에 달리는 하늘 열차
그 멋진 풍경 너머로 내 꿈이 달렸네
어머니와 죽은 형과 손잡고 걸었던 신천은
언제나 내게 포근한 물소리를 들려주었네

5부

문명

문명

변화하는 것은 모두 아름답네
인터넷을 사용하는 네티즌은 민첩하네
최신 정보를 읽고 세계인은 한공간을 쓰네

양자 컴퓨터가 실용화됨으로 편해졌네
클릭할 때마다 새로운 정신이 빛나네
디지털은 지구촌을 평화롭게 하네

문명은 움직이는 지구의 발자취
혁신 제품은 언제나 재미있는 놀이라네
문자나 동영상은 자유롭게 흐르는 행복이네

마음

마음이란 참으로 이상하지

그냥 피어나는 흰 구름 같지

파란 하늘은 화가의 손 같지

노을을 그리고 반달을 그리고

알 수 없는 슬픈 눈물을 그리고,

어디로 가고 싶은 비바람처럼

비스듬히 기울여 뿌리지

나무

나무는 비바람으로 시를 쓰지
그 흔들리는 나뭇잎을 뚫어지게 바라보면 알지

수런수런 숲들이 말을 하네
구름이 속삭이는 작은 말을 나무는 알아듣네

잎사귀는 저마다 모양이 달라도
이리저리 뒤척이는 연두색 느낌이 좋지

보청기가 고장 날 때마다
나는 늘 나무가 되었으면 생각하네

속기사가 타이핑 내용을 보내 줘
내 마음속 귀는 모두 걸 알아듣지

나무는 늘 답답한 내 가슴 열어주지
마치, 스마트폰 문자를 보는 것처럼 기분이 좋지

인생

아기자기한 이야기들의 천국이라네
다정다감한 들꽃들이 너무 아름답네
지나가는 처녀도 아름답네
가만히 나를 보는 고양이도 사랑스럽네
아이들이 학교를 파하고 삼삼오오 낄낄거리네
신작로 마트 앞엔 포클레인 공사가 한창이네
세상은 뒤죽박죽 잘도 돌아가네
엊그제 나는 소년이었는데,
오늘은 귀가 들리지 않는 노인이 되었네

영혼

별빛은 수십억 광년이나 머나먼
거리에서 오는 하늘의 영혼이지

그렇다지, 세상 모든 생명은
고귀한 영혼이 있지

밤의 영혼, 달의 영혼,
아! 그 꿈속에서 수선화를 심던 어머니

어머니는 밤하늘 별이 된
나의 영혼이지

이따금 왔다 가는
봄 이지랑이 같은 고유 영혼이지

텃밭시인학교

박새도 숲속에 놀다 목마르면

샘터에 물 먹고 시원하다 노래하는 곳

텃밭시인학교는 내 시의 고향

괴로울 때 슬플 때,

시의 꽃씨를 심어주었네

시인이 되니 마음에 복사꽃 피네

붉은 꽃빛이 좋아 벌들이

내 시의 향기를 맡으러 오네

노을

해질녘 노을빛은 참 아름다워라

이 세상 모든 장미 꽃잎을 뿌려놓은 것 같네

금호강 산책하다 만난 그 노을빛은

귀 먼 어린 날 엄마 가슴에 안겨 울던 나처럼

붉게 붉게 붉게 서러워라

빛과 소리

소리는 율려에 공명하나니
저마다 가슴에 심금을 울린다

잎새에 떨어지는 소낙비 소리
쏴아 쏴아 쏴아, 들판의 바람 소리

천둥과 번개 번쩍 치니
우르르 쾅쾅! 빛줄기 뿌리가 보인다

소리와 빛은 한 자락의 시이다
허공에서 음양이 만난 영매이다

연꽃

연당에 피는 꽃이 먹구름을 쳐다봅니다
잎사귀 위에 또르르르 빗물 떨어집니다

아무리 빗방울이 떨어져도
연잎의 몸은 젖지 않아 신기합니다

물속에는 새끼 물오리가 물을 좋아합니다
꽃봉오리 곁으로 붕어가 꼬리를 흔듭니다

진흙 속에서 피는 연꽃은 부처님 꽃방석입니다
순결한 속살로 하늘의 말씀을 잘 받듭니다

한 송이 꽃

시인의 시 속에도 꽃 피어
꽃 속에 꽃으로 심금을 울린다
보슬비는 물푸레나무 잎새에 어깨춤 춘다

한 송이 시의 꽃은 평안을 준다
삼라만상에 감사의 꽃이 핀다
아름다운 말은 사람을 높은 곳으로 데려간다

세상에는 탁한 말이 흘러넘친다
저 폭염에도 꽃 피는 배롱나무 자태
독한 말은 슬픔의 상처가 된다

바람이 불자 시원한 마음이 든다
꽃을 보면 사람들은 기쁨이 된다
고운 말은 고운 꽃처럼 향기롭다

참꽃

비슬산 참꽃 군락을 보며 감탄을 한다
대견봉도 장엄하지만 온 산에 꽃빛이 불에 탄다
산마루 정자는 다른 세상 같다

꽃잎을 따먹으면 이별이 되지만
저 많은 인파들 사진 찍고, 웃고 떠드는 모습은
어릴 때 아이로 돌아간 듯하다

파란 하늘 위에 구름도 정겹다
누가 이 아름다운 꽃 세상을 만들어 놓았는지
신기하고 신기하다

참꽃들도 비바람을 맞았을 텐데,
내 어머니처럼 마음을 푸근하게 해준다
사람들이 좋아하니, 나도 덩달아 기분이 좋다

꽃 잔치

세상은 꽃 잔치 같네
자전거 타는 사람들, 공중에
도시 열차 달리는 것
모두 향기로운 꽃향기 같네

못 들으면 못 듣는 대로
안 보이면 안 보이는 대로
불편은 하지만,

세상은 온통 꽃밭 같네
연둣빛이 앞산을 덮었네
까치가 한창 새끼 둥지를 짓네

저 많은 자동차들, 저 많은
신호등 기다리는 사람들
저마다 모두 잘들 살고 있네

누군들 힘든 시절이 없을까
다 지나고 보니 그것도 추억이네
엄마 손 잡고 가는 아이가 제일 행복하네

해설

소리를 보다

해설

소리를 보다

김 동 원 시인·평론가

들어가는 말

절박한 시가 감동을 낳는다. 우주는 신비로운 떨림으로 가득하다. 보지 못해도, 듣지 못해도 체험의 상황과 맞딱뜨리면, 전혀 다른 울림의 시가 생겨난다. 바람은 고통의 언어를 알아챈다. 온갖 비명과 흔적을 언어의 지문에 남긴다. 숲의 언어는 잎들의 입술을 쳐다볼 때 들린다. 시는 고뇌의 작업이지만 대중을 울릴 때 폭발한다. 천지만물은 감정의 떨림을 감동으로 전하는 매개이다. 사물을 곡진하게 대할 때 위대한 떨림과 울림이 생긴다. 누구에게나 말 못 할 심연의 통곡이 있다. 그 울음소리는 너무 아파 심이心耳로만 들린다. 현대시는 기교의 언어는 있지만, 심장의 떨림판이 얇다. 삶은 그 자체가 신비로운 공명통이다. 시는 온몸을 관통한 통점이다. 하여, 새로움을 확보할 때 가능성의 언어가 된다. 기억은 시의 보물이다. 시인은 시 속에 시간과 공간의 흔적을 교직한다. 길 위에서 만난 온갖 것들의 욕망을 대신 닦는다. 시는 하늘의 천명을 받은 자의 목소리이다. 불현듯 그 마음과 생애를 온통 불길 속에 휘몰아 넣는다. 뼈를 태우고 굶주림으로 시험에 들게 한다. 하는 일마다 굴욕과 핍진으로 절망에 몸서리치게 한다. 견디는 자만이 시의 징조와 소명을 깨닫게 된다. 내면의 절규를 시의 천명으로 알아들을 때, 절경이 된다.

최근의 많은 새로운 시는 묘사와 이미지만 있고, 절규가 없다. 말의 유사성을 차 버리고 행간의 무의미를 지향한다. 피상적 관념에 사로잡혀, 구체적 현실의 재료를 낚아채지 못한다. 개인 언어에 빠져 초현실적 소재주의에 함몰되었다. 행과 행 사이의 의미나 연결이 공허하다. 좋은 시는 절문근사切問近思에서 나온다. 간절히 묻고 답할 때, 전혀 엉뚱한 시상이 촉발한다. 어느 시대나 언어의 해체는 있어 왔다. 그러나 서정시는 절실과 감동을 줄 때 비로소, 명시로 완성된다. 서정시의 구심력은 반추의 방식으로 변주 된다. 기성 시단의 눈치나 명작의 데자뷰를 비껴가면서 자신만의 스타일을 확보할 때, 시의 울림은 크다. 절치부심의 고독한 방향이야말로 시가 나아갈 지표다. 몽상의 세계에 사로잡혀 시의 관점이 축소되면, 사적 서정에 갇히게 된다. 빛나는 작품은 과감히 인식의 틀을 벗고 뛰쳐나갈 때 가능하다. 형상이 추상적이고 행간의 유기적 결합이 허황하면, 시의 아랫도리가 부실하다. 언어를 다루는 기술이 아무리 뛰어나도, 시의 진정성이 희박하면 졸품이 된다. 귀한 시인의 출현은 한 우주의 탄생과 비견된다. 시대의 유행에 좇지 말고, 어두움 속에서 자신만의 목소리로 언어의 살점과 뼈를 발라 먹어야 시인이다. 명시는 '오늘 이 순간' 현실 깊숙이 파고 들어가, 체제의 허虛와 실實을 꿸 때 홀연히 드러난다. 시인은 세상의 아픔을 대신 울어주는 곡비哭婢이다. 그런 측면에서 서인수 시집 『수화 하는 나무』는, 듣지 못하는 자의 고통스런 비명이 들린다.

수화手話

서인수의 시 「수화 하는 나무」를 읽고 있으면, 다리 위에서 두려움의 충격으로 얼굴을 감싸고 떨고 있는, 에드바르트 뭉크(노르웨이, 1863~1944)의 「절규」가 떠오른다. 이 그림은 1892년에 앓았던 화가의 끔찍한 공황 발작에서 모티브를 얻었다. 오슬로 교외에서 산책을 할 때 광증狂症에 사로잡힌다. "그날 저녁, 나는 친구 두 명과 함께 길을 따라 걷고 있었다. 한쪽에는 마을이 있고 내 아래에는 피오르드가 있었다. 나는 피곤하고 아픈 느낌이 들었다. (…) 해가 지고 있었고 구름은 피처럼 붉은색으로 변했다. 나는 자연을 뚫고 나오는 절규를 느꼈다. 실제로 그 절규를 듣고 있는 것 같았다. 나는 진짜 피 같은 구름이 있는 이 그림을 그렸다. 색채들이 비명을 질러 댔다." 명화 「절규」처럼, 「수화 하는 나무」 역시 슬픔으로 가득 찬 노래이다.

나무는 잎사귀로 수화를 하네
초록 눈은 하늘의 표정을 읽고
잎과 잎 사이 구름의 노래를 듣고 있네

나는 초등학교 삼학년 때 주운 폭탄
폭발 사고로 청신경 마비되어 고도 난청 되었네

말을 한마디라도 더 알아들으려고
지나가는 입술을 뚫어져라 쳐다보네

나무와 나는 참 닮았네
나무는 밤하늘 달빛을 뚫어져라 쳐다보고
나는 사람들 입술을 뚫어져라 바라보고,

나무는 별들하고 수화를 하고
나는 하늘나라 어머니하고 수화를 하고
나무와 나는, 슬픈 마음이 참으로 닮았네

—「수화 하는 나무」 전문

제5회 'KT&G복지재단문학상' 수상작인 「수화 하는 나무」의 시 행간을 바장이면, 서인수의 절규가 메아리친다. 십년 전 어느 봄날, 도서관 시창작 교실에서 처음 그를 만났다. 고도난청인 그는 늘 속기사와 함께 앉았다. 강의 내내, 속기 글과 내 입술을 번갈아 쳐다보았다. 젖은 눈빛은 무언가에 목말라 있었다. 이상하게도 나는 그의 심장이 떨리는 소리를 자주 듣곤 하였다. 그는 "초등학교 삼학년 때 주운 폭탄"이 폭발하여 청신경이 마비되었다. 난청인 그는 "말을 한마디라도 더 알아들으려고" 사람의 입술을 뚫어져라 쳐다본다. 트라우마는 개인에게 불행이나 예술가에겐 천행인지도 모른다. 고통스런 현실을 시어의 핏물로 씻어준다. 모든 시인이 나무가 잎사귀로 "수화"를 하는 현장을 목격하는 것은 아니다. 소리를 보는 서인수만의 절박한 독법讀法이다. "초록 눈은 하늘의 표정을 읽고 / 잎과 잎 사이 구름의 노래를" 그는 본다. 하여, 그는 "나무"의 외로움과 참 많이 닮았다. "나무는 밤하늘 달빛을 뚫어져라 쳐다보고" 그는 "사람들 입술을 뚫어져라 바라"본다. 수화는 들리지 않는 자의 마지막 손짓 언어이다. 답답할 때마다 그는, 밤하늘 "별"을 쳐다보며 마구마구 가슴을 친다고 한다. 그러면 "하늘나라 어머니"가 내려와 그의 "슬픈 마음"을 어루만져 준다고 한다. 만약 그에게 시가 없었다면, 참혹한 '내면'의 한恨을 치유할 성소聖所를 영원히 갖지 못했을지도 모른다.

소리를 보다

시는 보는 것이다. 아니, 보이는 것이다. 시는 듣는 것이다. 아니, 들리는 것이다. 좋은 서정시는 절절하게 간구하는 자者에게만, 홀연히 들린다. 그 소리는 번개처럼 찾아와 무지개처럼 사라진다. 이번 서인수 시집 『수화 하는 나무』의 중요한 테제는, '소리를 듣는' 청자의 입장을 지나, '소리를 보는' 관음觀音의 세계로까지 확장된다는 점이다. 대다수의 그의 시편들은 듣지 못하는 자의 고뇌와 절망이 언어 속에 몸부림치고 있다.

> 소리가 얼마나 아름다운지 몰랐다
> 어린 날 폭발물 사고로 귀머거리가 되었다
> 한마디라도 더 알아채려고
> 사람들 입술을 뚫어져라 쳐다본다
>
> 날마다 말없이 지내니 목청은 막혀,
> 지나는 사람 표정이라도 못 보면 울적하다
> 말하는 분위기와 동작을 따라가다 보면
> 어느새 내 눈엔 눈물이 고이고 외롭다
>
> 옛날엔 아침마다 지저귀는 참새 소리가 좋았다
> 귀뚜라미 울음소리, 엄마가 부르는 소리
> 지금은 들을 수 없어, 갑갑한 마음
> 귓바퀴에 또 보청기를 낀다

고도 난청은 청신경 마비되어
말소리 못 알아먹어 왕왕 소리만 들린다
어쩌다 답답한 마음 진정되면, 시 낭송을 한다
목청이 녹슬지 않도록, 자꾸자꾸 말문 여는 연습을 한다

—「말문 연습」 전문

서인수의 「말문 연습」을 읽기 전까지 "소리가 얼마나 아름다운지" 미처 깨닫지 못했다. 그냥, 우리의 귀는 너무나 잘 들려, 그 '들리지 않는 것들'이 오히려 이상하게 여겨진다. 소년 서인수가 "한마디라도 더 알아채려고 / 사람들 입술을 뚫어져라 쳐다"보고 있는 광경을 떠올리면, 가슴 한복판이 먹먹하다. 타자의 외로움과 쓸쓸함을 이해한다는 것은, 가능한 일일까. 시 「말문 연습」은 "날마다 말없이" 혼자 지내야만 하는, 한 시인의 비극적 인식이 눈물로 어룽져 있다. 사람들은 서로 웃고 떠들고 기뻐하는데, 그만 종일 소외된 채 살아갈 수밖에 없는 숙명에 처했다. 아홉 살 소년에게도 "아침마다 지저귀는 참새 소리가 좋았"던 시절이 있었다. "귀뚜라미 울음소리"도, "엄마가 부르는 소리"도, 참으로 행복한 때가 있었다. 그러나 지금은 "청신경"이 마비되어 듣지 못한다. 하여, 서인수는 새벽마다 공원에 올라 밤하늘 별을 향해 큰소리로 "말문 연습"을 한다. "목청이 녹슬지 않도록" 고래 고래 절규한다. 그러면 갑갑한 그의 마음도 조

금은 트여, 슬픔의 거리가 줄어든다고 한다.

모정母情

그 옛날 서인수의 집 앞마당엔, 가을이면 감나무에 주렁주렁 감들이 열렸다. 동무들과 감꽃 목걸이를 만들어 걸고 다니며 먹었다. 아침에 까치가 날아와 지저귀면 어머니가 제일로 기뻐하셨다. 그는 특히 발간 홍시 색깔을 좋아하였다. 학교를 파하고 돌아와 곶감을 하나씩 빼 먹는 맛은 기가 막혔다. 그러던 어느 날 작은방에서 형과 어린 그는 폭발물을 갖고 놀다 그만 터져, 형은 몸을 다쳤고 그는 귀머거리가 되었다. 훗날 형은 교통사고로 불귀의 객이 되었다. "6·25 동란 혼란기에" 학살당한 아버지를 늘 그리워했다. 왠지 서인수의 삶은 불행의 연속이었다. 사람들의 지독한 편견은 그를 더욱더 외롭게 하였다. 남몰래 뒷산에 올라가 답답한 가슴을 치며 울곤 하였다. 그때부터 친구들이 말을 하면 입술만 뚫어져라 쳐다보는 버릇이 생겼다. 그는 고도난청이 되어 늘 발없이 혼사 보냈다. 어머니의 극진한 보살핌과 사랑으로, 차츰 희망의 빛이 보였다. 어머니가 사 오신 보청기를 끼고 죽으라고 공부에 전념하였다. 훗날 장애를 딛고 대학 졸업 후 건축사가 되었다. 경제적 어려움을 벗어나 차츰 마음의 여유도 생겼다. 그러나 응어리진 답답한 가슴의 한

恨은 풀리지 않았다. 그리하여 선택한 것이 '시 공부'와 '수필 쓰기'이다.

어머니는 6·25 동란 혼란기에
고문을 당하신 아버지 학살당하자
잠 깰 때마다 공포심에 후다닥 놀라곤 하였네

먹고살려고 아등바등할 때,
별안간 형이 교통사고로 죽자
크나큰 슬픔에 꽁꽁 심장이 얼어붙은 어머니

그 힘든 세월에도 남은 자식들
훌륭하게 키워야 한다며,
수예품 방석 만들어 밤낮없이 시장에 팔면서
남매 걱정 많이도 하였네

그 옛날 물 맑고 공기 좋은 고향 서당골
일가친척 아기자기 살 때는
참으로 인정을 나누며 정다웠네

훗날 우리 남매 잘되어, 어머니
해외여행도 다니면서 행복한 날도 있었네
지금은 하늘나라 꽃밭 일구려 구름 속에서
아버지와 형이랑 함께 산다네

—「어머니」 전문

서인수는 '어머니' 이야기만 나오면, 주르륵 눈물을 흘린다. 억울하게 일찍 가신 아버지를 대신하여 가족을 책임졌던 당신이 고마워서이다. 그는 '시를 만난 것이 행운'이라고 입버릇처럼 이야기한다. 봄날 수수꽃 피는 것도 시로 표현할 수 있고, 옥수수 알통이 크는 것도 시어로 바꿀 수 있고, 슬픈 자신의 노래를 외롭게 부를 수 있어 좋다고 한다. 그는 틈만 나면, 산들바람이 나뭇잎에 속삭이는 소리를 본다고 하였다. 연꽃 피는 몸짓을 종일 바라본 적도 있다고 하였다. 사물의 기분을 살피는 데는, 청각이 고장 나도 시각만으로 가능하다는 것을 알아챘다고 하였다. 돌아가신 어머니와 아버지, 그리고 형을 생각하며, 밤새워 정성껏 시를 퇴고한다고 하였다. 그가 시를 쓰는 진짜 이유는, 이다음 하늘나라에 가면 부모님과 형 앞에서 자신이 지은 시를 읊어드리고 싶기 때문이라고 한다. 육십여 년을 귀가 먼 채 살았지만, 십년 남짓 시작詩作하는 동안, 가장 큰 위안이 되었다고 한다. 이제 그는 시인으로서 제2의 인생을 멋지게 살고 싶어 한다. 좌절할 때마다 격려를 아끼지 않은 '어머니'를 떠올리며 묵묵히 살아가겠다고 한다.

리듬

이번 서인수 시집 『수화 하는 나무』의 또 다른 중요한 특

징은 아름다운 시의 리듬에 있다. 이 장에서는 「귀로 꽃 피는 귀갓길」과 「매화꽃이 피었네」 두 편을 소개한다. 리듬은 행과 행 사이, 연과 연 사이, 소리와 의미를 자연스레 시인과 연결해 준다. 리듬은 시인의 기분을 옮겨가는 걸음걸이다. 시 표면에 뚜렷하게 규칙적으로 드러나는 정형시(외형률)와 일정한 규칙 없이 시어나 시구 속에 숨어 은근하게 느껴지는 자유시(내재율)로 율격을 만든다. 그의 리듬은 피상적인 관념의 세계가 아니라, 직접 체감한 날것의 언어와 이미지를 통해 음보音步를 만든다. 이런 행간의 생생한 느낌은, 내면과의 은밀한 독백을 통해 시의 혼령을 불러내고 있다. 그의 작품 「귀로 꽃 피는 귀갓길」은, '귀'가 '꽃 핀다'는 놀라운 은유적 리듬을 수준 높게 형상화하였다.

잎사귀가 비바람 소리 듣고 연주하듯,
음률의 흐름을 타고 꽃 피는 저 수선화
봄꽃들은 춤추는 발레리나 같아라

집으로 돌아가는 길, 꽃잎이 떨어지면
식구들 저녁 밥상 둘러앉아 손아귀에
푸성귀 쌈 싸 먹는 그런 풍경 같아라

귀청을 잃으면 눈빛이 보석이라
흘러가는 흰 구름 유심히 읽어 보네

귀에 귀고리 하듯, 그 구름, 산 목걸이 걸었네

봄 하늘 노을 기색은 참 고와라
바람이 들녘의 문을 열고 나와
온갖 귀로 꽃 피는 귀갓길 밝혀주네

—「귀로 꽃 피는 귀갓길」 전문

「귀로 꽃 피는 귀갓길」은 시 자체가 하나의 음악이다. 비바람에 춤추는 "저 수선화"의 꽃대는 물길의 선율이다. 봄바람에 흔들리는 들꽃은 "발레리나"의 춤사위이다. 시인은 꽃이 피고 지는 일을 "식구들 저녁 밥상 둘러앉아 손아귀에 / 푸성귀 쌈 싸 먹는 그런 풍경"이라고 묘사하였다. 그의 시는 맑다. "귀청을 잃"고, "눈빛"은 보석을 주었다. "귀에 귀고리 하듯, 그 구름, 산 목걸이" 한 것까지 다 본다. 그래서 그는 늘 밖을 보면 즐겁다. "바람이 들녘의 문을 열고 나와 / 온갖 귀로 꽃 피는 귀갓길"을 밝혀 주기 때문이다. 천지의 이치는 묘하다. 귀를 잃으니 소리가 눈에 보이는 경지가 된다. 다음은 그의 아름다운 시, 「매화꽃이 피었네」를 살펴보자.

매화꽃 향기는 말처럼 들렸네
말귀를 알아듣지 못하는 귀머거리인 나는
흘러가는 구름의 말을 알아들으려고 하였네

귀머거리는 날마다 말없이 혼자 지내네
목청은 막혀 슬픔뿐이네
귀머거리는 가슴이 답답하네
사람들은 기뻐해도 귀머거리는 외롭네

그 옛날 들었던 참새 소리가 듣고 싶네
나는 뒷산에 올라 많이 울었네
엄마가 저녁밥 먹으라 부르는 모습도 기억나네

어느 날 엄마가 사 오신 보청기를 끼었네
말소리 못 알아들어 왕왕 소리만 나던 나의 귀
사랑하는 그녀를 처음 만난 날처럼
그날 종일 내 귀엔 매화꽃만 피었네

—「매화꽃이 피었네」 전문

"매화꽃 향기는 말처럼 들렸네" 첫 행이야말로 기막힌 은유이다. '향기'가 말처럼 '들리다'라고 표현한 시인은 여태껏 보지 못했다. 후각을 청각으로 흡수한 놀라운 공감각적 심상이다. 청각장애인에게만 나타나는 독특한 몸 시로 보인다. 그는 "흘러가는 구름"을 보려 하지 않고, "구름의 말을 알아"채려고 한다. 모든 사물의 기미와 기척을 눈으로 들으려고 한다. 장애는 어쩌면 시의 또 다른 차원을 열어 보여주는지도 모른다. "엄마가 저녁밥 먹으라 부르는 모습"은, 정겹고도 짠하다. 보청기를 낀 기쁨을, 그는 "매화꽃"이 "피었"다는 기발한 착상으로 불러내었다. 날것의 멋진 시의 이미지가 빛나는 시구이다.

나가면서

지금껏 살펴본 대로 서인수의 시집 『수화 하는 나무』는, 크게 장애인의 애환과 애절한 사모곡과 시에 대한 간절함으로 요약된다. 들리는 자와 들리지 않는 경계 사이에서 방황한다. 가족사의 비극, 고통스런 현실을 절규의 방식으로 대응한다. 서인수에게 언어는 씻김의 장소이자, 소통의 공간이다. 상처를 치유하는 역할이자, 방백의 성소이기도 하다. 타자에게 말할 수 없는 답답한 심회를 풀어내는 배설적 기능을, 그의 시는 증거 한다. 무엇보다 날것의 이미지를 관통한 감동의 시 세계를 그렸다. 그런 측면에서 그의 시는, 서정시가 갖추어야 할 삶의 체험과 심금을 울리는 깊이가 있다. 물론 이외에도 다양한 층위를 보여주는 시들로 빼곡하다. 「별이 빛나는 밤」은 "반짝이는 별빛"을 통해 태양과 지구의 하모니를 노래한다. 시 「알파고 1」은, 바둑 고수로서의 그의 진면목이 고스란히 드러난다. 알파고는 모든 가능한 집 계산을 미리 다 해 본 후에, 상대를 이긴다. 그는 알파고에 진 인간의 허무 의식을 "까만 돌 하얀 돌 뜬구름 같은 세상"임을 간파한다. 심지어 '알파고'를 느닷없이 나타난

“도사”로 본 시선은 해학적이기까지 하다. 그가 줄곧 추구해 온 「정한 수手 신개념」은, 동양철학의 정수인 “정심 정관”을 통해 “예술혼의 극치”로 승화된다. 끝으로 이번 시집에서 그가 바라본 인간 세상을 가장 꿈처럼 그려낸 「꽃 잔치」를 감상하면서 마칠까 한다.

세상은 꽃 잔치 같네
자전거 타는 사람들, 공중에
도시 열차 달리는 것
모두 향기로운 꽃향기 같네

못 들으면 못 듣는 대로
안 보이면 안 보이는 대로
불편은 하지만,

세상은 온통 꽃밭 같네
연둣빛이 앞산을 덮었네
까치가 한창 새끼 둥지를 짓네

저 많은 자동차들, 저 많은
신호등 기다리는 사람들
저마다 모두 잘들 살고 있네

누군들 힘든 시절이 없을까
다 지나고 보니 그것도 추억이네

엄마 손 잡고 가는 아이가 제일 행복하네

—「꽃 잔치」 전문

서인수의 「꽃 잔치」는 잠깐 왔다 가는 인간 세상을, 봄날 꽃 잔치로 비유한다. 어쩌면 생사는 환幻인지도 모른다. "자전거 타는 사람"도, "공중에" "달리는" "도시 열차"도, 꿈속의 꿈 이야기인지도 모른다. "못 들으면 못 듣는 대로 / 안 보이면 안 보이는 대로 / 불편은 하지만," 세상은 여전히 굴러간다. "저 많은 자동차들, 저 많은 / 신호등 기다리는 사람들" 저마다 어디론가로 가고 있다. 그의 시를 읽으면, 왠지 아득하여 눈물이 고인다. 그의 시는 순수하다. 힘든 시절을 견고튼 지혜가 엿보인다. 하여 그는 "다 지나고 보니" "엄마 손 잡고 가는 아이가" 이승에서 "제일 행복"한 풍경이라고 일러준다. 어린 날 폭발물 사고로 고도 난청이 된 서인수에게, '엄마'보다 더 좋은 시가 있을까. "추억"은 저 허공 밖으로 훨훨 그를 데려다주는 묘약이다. 물론 그의 시편들은 일정한 한계점도 노출된다. 청각장애에 대한 집요한 상상이 그의 행간의 강점이자 약점으로 작용한다. 하여 궁극적으로 서인수의 서정은, 개인적 고통을 시로 승화시킨 '듣지 못하는 자의 고뇌와 방황' 사이쯤으로 규정된다.

서인수

대구에서 태어나 영남대학교 건축과를 졸업하고 건축 분야 특급 기술자이다. 제5회 KT&G복지재단문학상 대상을 수상하고 대구문인협회 회원, 텃밭시학 동인, 서부도서관 문학아카데미 동인으로 활동 중이다. 에스디에이 건축사 사무소 대표로 있다.

salight2@hanmail.net

서인수 시집

수화 하는 나무

초판 1쇄 발행 2021년 9월 15일

지은이 서인수
펴낸이 이은재

펴낸곳 도서출판 그루
출판등록 1983. 3. 26(제1-61호)
주소 06121 서울특별시 강남구 봉은사로 129, 1210호
42452 대구광역시 남구 큰골 3길 30
전화 02-358-1161, 053-253-7872
팩스 053-257-7884
전자우편 guroo@guroo.co.kr

ISBN 978-89-8069-454-9